BEI GRIN MACHT SICH IHR WISSEN BEZAHLT

- Wir veröffentlichen Ihre Hausarbeit,
  Bachelor- und Masterarbeit

- Ihr eigenes eBook und Buch -
  weltweit in allen wichtigen Shops

- Verdienen Sie an jedem Verkauf

Jetzt bei www.GRIN.com hochladen
und kostenlos publizieren

GRIN ☺

Steve R. Entrich

Rechtsextremistische Jugendliche in der DDR

Reproduzierung faschistischer Denk- und Handlungsmuster in der DDR-Jugend

GRIN Verlag

Bibliografische Information der Deutschen Nationalbibliothek:

Die Deutsche Bibliothek verzeichnet diese Publikation in der Deutschen National-
bibliografie; detaillierte bibliografische Daten sind im Internet über http://dnb.d-
nb.de/ abrufbar.

Impressum:

Copyright © 2008 GRIN Verlag GmbH
Druck und Bindung: Books on Demand GmbH, Norderstedt Germany
ISBN: 978-3-656-08673-4

Dieses Buch bei GRIN:

http://www.grin.com/de/e-book/184038/rechtsextremistische-jugendliche-in-der-
ddr

GRIN - Your knowledge has value

Der GRIN Verlag publiziert seit 1998 wissenschaftliche Arbeiten von Studenten, Hochschullehrern und anderen Akademikern als eBook und gedrucktes Buch. Die Verlagswebsite www.grin.com ist die ideale Plattform zur Veröffentlichung von Hausarbeiten, Abschlussarbeiten, wissenschaftlichen Aufsätzen, Dissertationen und Fachbüchern.

Besuchen Sie uns im Internet:

http://www.grin.com/

http://www.facebook.com/grincom

http://www.twitter.com/grin_com

Universität Potsdam

Humanwissenschaftliche Fakultät
Department Erziehungswissenschaft
Erziehungsfelder im historischen Prozess

Steve R. Entrich

Hauptseminar:
»Pädagogik und Geheimdienst in der DDR«

Wintersemester 2007/08

Rechtsextremistische Jugendliche in der DDR
- Reproduzierung faschistischer Denk- und Handlungsmuster in der DDR-Jugend

Wortzahl: 5278

Abgabedatum: 21.05.2008

Rechtsextremistische Jugendliche in der DDR
- Reproduzierung faschistischer Denk- und Handlungsmuster in der DDR-Jugend

Gliederung:

Einleitung

In der Verfassung der DDR heißt es in Artikel 6: „Die Deutsche Demokratische Republik hat getreu den Interessen des Volkes und den internationalen Verpflichtungen auf ihrem Gebiet den deutschen Militarismus und Nazismus ausgerottet."[1] Die angebliche „Ausrottung" des Nazismus kann allerdings nicht überzeugen, schließlich sind noch heute gewalttätige Übergriffe rechtsextremer bzw. neonazistischer deutscher Jugendliche auf Ausländer, Juden, Homosexuelle, Punks, Linke – kurzum auf alle, die anders aussehen, denken oder leben, alltäglich und allgegenwärtig. So besitzt das Thema „Rechtsextremismus" mit gutem Grund noch immer höchste Aktualität und Brisanz, wie aus einer Analyse des Volltextarchivs der Frankfurter Allgemeinen Zeitung (FAZ) seit 1993 deutlich hervorgeht.[2] Laut dem Tagesspiegel suchen „die Rechten" ihre „Opfer" mittlerweile sogar bevorzugt in Szenegegenden auf und beanspruchen vormals linkes „Territorium" für sich.[3] Doch auch zu DDR-Zeiten wurde das Problem offensichtlich und ebenso zu einem Bestandteil des Alltags.

Es stellt sich nach diesem Blick auf die Verfassung der DDR, einem Staat, gegründet von Widerstandskämpfern und dem Selbstverständnis nach grundlegend antifaschistisch, folgerichtig die Frage, wie ein solcher Staat Rassismus, Fremdenfeindlichkeit und Antisemitismus reproduzieren konnte. Dem an sich „guten Willen" der Gründungsväter der DDR, aus der jungen Republik einen Hort antifaschistischen Denkens und Handelns zu machen, kann man wohl nicht ganz von der Hand weisen. Doch weder konnte sich die Regierung ihr „Volk" aussuchen, noch eine Situation der Harmonie innerhalb der Grenzen der DDR schaffen, da die äußere Bedrohung durch den Westen zu Zeiten des Kalten Krieges das Misstrauen gegen die eigenen Bürger schürte und so keine Zeit zur hinreichenden Verarbeitung der Vergangenheit gegeben waren. Stattdessen bildeten sich repressive Strukturen heraus und alte Werte, wie Fleiß, Ordnung, Sauberkeit und Disziplin, also soldatische Tugenden, gewannen wieder an Einfluss.[4]

---

[1] Verfassung der Deutschen Demokratischen Republik vom 6. April 1968, in der Fassung des Gesetzes zur Ergänzung und Änderung der Verfassung der Deutschen Demokratischen Republik vom 7. Oktober 1974, Abschnitt 1, Artikel 6. Online-Ressource: http://www.ddr-im-www.de/Gesetze/Verfassung.htm#grundlagen, Quelle: Gesetzesblatt der DDR Teil I Nr. 47 - Ausgabetag: 27. September 1974.

[2] Vgl. Klaus Boehnke/Daniel Fuß/John Hagan (Hrsg.), Jugendgewalt und Rechtsextremismus, Soziologische und psychologische Analysen in internationaler Perspektive, Weinheim/München 2002, S. 7.

[3] Vgl. Jörn Hasselmann/Johannes Radke, Neonazis im Partykiez - Erneut gehen Rechtsextreme und Linke aufeinander los. Die Rechten suchen sich ihre Opfer immer öfter in Szenegegenden. In: Der Tagesspiegel, Ausgabe 19827 / Montag, 25. Februar 2008, S. 12.

[4] Vgl. Bernd Siegler, Auferstanden aus Ruinen – Rechtsextremismus in der DDR. Berlin 1991, S. 7.

Weiter steht in Artikel 6 der Verfassung: „Militaristische und revanchistische Propaganda in jeder Form, Kriegshetze und Bekundung von Glaubens-, Rassen- und Völkerhaß werden als Verbrechen geahndet."[5] Der Staat hatte sich also verpflichtet, gegen jegliches Vorkommen von Rechtsradikalismus bzw. –extremismus, Faschismus oder Nazismus vorzugehen. Inwiefern kam die Staatsgewalt dieser Pflicht aber nun nach? Wie gut waren das Ministerium für Staatssicherheit (MfS) und die weiteren Vertreter der Staatsgewalt, wie die Volkspolizei (VoPo), wirklich über die steigende Rate rechtsextremistischer Jugendlicher informiert? Diesen Fragen soll in der vorliegenden Hausarbeit nachgegangen und, soweit es die Kürze dieser Arbeit erlaubt, beantwortet werden.

Ferner bleibt zu erwähnen, dass ich in meiner Hausarbeit die neue deutsche Rechtschreibung verwende.

---

[5] Verfassung der Deutschen Demokratischen Republik, a. a. O.

I. Verordneter Antifaschismus und seine Durchführung

Das in der DDR oft als „Stunde Null" bezeichnete Jahr 1945 sollte ein Neubeginn mit der Möglichkeit einer moralischen Selbstreinigung und ewig währenden Lossagung vom Nationalsozialismus sein. Die Parteienlandschaft der Sowjetischen Besatzungszone (SBZ), neben KPD auch CDU, SPD und LDPD, sah die Aufgabe der Deutschen darin, die strukturellen Voraussetzungen des Nationalsozialismus zu beseitigen, den NS-Opfern Wiedergutmachung zu leisten und schließlich einen Staat, aufgebaut auf einer antifaschistisch-demokratischen Ordnung, zu errichten. Neben Entmilitarisierung, Demokratisierung und der Enteignung von Nazi- und Kriegsverbrechern im Juni 1946 stand vor allem eine personelle Säuberung von Verwaltung und Wirtschaft auf dem Plan. Die Hauptschuld wurde dabei besonders Großindustriellen, Junkern und Militärs zugeschrieben, während Angehörige des Mittelstandes lediglich als Mitläufer eingestuft wurden. Der Arbeiterklasse sprach man fälschlicherweise einen antifaschistischen Mythos zu, um ihre politische Führungsrolle innerhalb der SBZ zu untermauern. Ihre Mitschuld sollten die frischgebackenen DDR-Bürger abtragen, indem sie auf dem neuen Weg ihrer Gesellschaft Mitverantwortung übernahmen. Zunächst noch zurückhaltend, führte die Übernahme des stalinistischen Gesellschaftsmodells von 1948 bis 1950 zu nachhaltigen Modifikationen im ideologischen Selbstverständnis der SED und in der Auseinandersetzung mit der nationalsozialistischen Vergangenheit.[6]

Wie sich im Verlaufe dieser Hausarbeit herausstellen wird, blieb das Programm der „Entnazifizierung" ein Etikett, welches die psychologischen Wurzeln des Faschismus unberührt ließ, weshalb derselbe tief in der Gesellschaftsstruktur verankert blieb und so reproduziert werden konnte. Die millionenfache Begeisterung wurde nie als umfassender psychischer Prozess aufgearbeitet, die grundlegende Bedeutung der autoritären Verhältnisse in der Gesellschaft, im Zusammenleben und in der Erziehung für die destruktive, extreme Gewalt Nazi-Deutschlands wurde verleugnet oder schlicht ausgespart. Man vermied es tunlichst personale Betroffenheit hervorzurufen. Die Ursachen für dieses schwärzeste Kapitel deutscher und europäischer Geschichte blieben in den Menschen unberührt und konnten so weiter verdrängt werden.[7]

---

[6] Vgl. Wilfried Schubarth u. Thomas Schmidt, Sieger der Geschichte – Verordneter Antifaschismus und die Folgen. In: Karl-Heinz Heinemann/Wilfried Schubarth (Hrsg.), Der antifaschistische Staat entlässt seine Kinder – Jugend und Rechtsextremismus in Ostdeutschland, Köln 1992, S. 12f.

[7] Vgl. Hans-Joachim Maaz, Sozialpsychologische Ursachen von Rechtsextremismus – Erfahrungen eines Psychoanalytikers. In: Karl-Heinz Heinemann/Wilfried Schubarth (Hrsg.), Der antifaschistische Staat entlässt seine Kinder – Jugend und Rechtsextremismus in Ostdeutschland, Köln 1992, S. 117.

Durch die Bezeichnung der Gründung der DDR als Wendepunkt in der Geschichte setzte ein geistiger Verdrängungsprozess im Hinblick auf die unliebsame Vergangenheit ein, der nicht zuletzt durch den Kalten Krieg und die Polarisierung der beiden deutschen Staaten begünstigt wurde. Die Begriffe Faschismus und Antifaschismus verloren im Verlaufe der Zeit dabei zunehmend an Inhalt und dienten fast nur noch zu Propagandazwecken. In den 60er und 70er Jahren sah ein Großteil der DDR-Bevölkerung voller Stolz die NS-Vergangenheit als bewältigt an oder aber man scheute die Auseinandersetzung mit diesem Thema. Erst in den 80er Jahren entstand innerhalb der Jugend zunehmend Skepsis und Ablehnung gegenüber diesen offiziellen Mythen und Propagandaformeln. Die antifaschistische Erziehung, die ein fester Bestandteil der Volksbildung war, bestand aus vielerlei Pflichtübungen in allerlei Jugendorganisationen und der Schule, ihr erzieherischer Effekt blieb hingegen oft fragwürdig.[8]

Wesentlich in der Auseinandersetzung mit der NS-Zeit war der Geschichtsunterricht. Dabei wurden allerdings viele wichtige Details verschwiegen oder nur unzureichend behandelt. Die Frage nach der Schuld bzw. Mitschuld der Deutschen wurde immer weniger diskutiert, besonders im Zusammenhang mit dem Holocaust. Besonders die falsche Darstellung, das deutsche Volk wäre durch eine Hand voll Nationalsozialisten belogen und verführt worden und so in den Zweiten Weltkrieg hineingeraten, konnte sich nur negativ auf das Selbstverständnis der DDR-Bürger auswirken. Ebenso die Feststellung, das deutsche Volk habe neben dem sowjetischen die größten Kriegsopfer zu tragen gehabt, was ganz selbstverständlich sein muss, da es maßgeblicher Urheber für den Zweiten Weltkrieg war. Es war nicht sehr förderlich für die Aufarbeitung der Vergangenheit mehrheitlich auf den deutschen antifaschistischen Widerstand einzugehen. Differenzierte wissenschaftliche und künstlerische Auseinandersetzungen mit dem Nationalsozialismus fanden insgesamt nur schwer Zugang zu den Lehr- und Erziehungsinhalten der DDR und wurden oft auch wieder verdrängt. Die Schule trug dazu bei, der heranwachsenden Generation eine echte Fragestellung zum Nationalsozialismus abzugewöhnen. Man sah sich und seine Vorfahren nicht mehr für die faschistischen Verbrechen der NS-Diktatur verantwortlich, da viele zu der Überzeugung gelangten, ein Großteil der deutschen Bevölkerung sei in den Jahren unter Hitler antifaschistisch gewesen. Letztlich war die Annahme, Millionen Menschen könnten quasi über Nacht zu Erbauern des Sozialismus erzogen werden, naiv. Und diese Naivität übertrug sich nun, neben einer Bestürzung und Fassungslosigkeit, auf den Umgang mit rechtsextremen, nationalistischen und

---

[8] Vgl. Ebd., S. 13ff.

neofaschistischen Erscheinungen in der DDR. Faschismus sollte in der DDR keinerlei Existenzgrundlage haben, weshalb faschistische Einflüsse nur außerhalb der eigenen Grenzen zu verorten waren und dem „imperialistischen Ausland" sowie der unter deren Einfluss stehenden zweiten deutschen Nation, der BRD, zugeschrieben wurden.[9]

Doch muss auch der DDR-Führung klar gewesen sein, dass faschistische Tendenzen im eigenen Lande vorhanden waren. Wie sichtbar waren diese aber nun und wie viel war der Regierung bekannt? Darauf soll folgend eingegangen werden.

II.   Die Entwicklung rechtsextremer Jugendlicher in der DDR

Die Identitätskrise, in der sich viele, vor allem junge, DDR-Bürger befanden sowie die Selbstzerstörung des Systems und nicht etwa die Infiltration faschistischen Gedankenguts aus dem Ausland, haben auch den Rechtsextremismus in der DDR wieder aufleben lassen. Zunächst ist zu erwähnen, dass Rechtsextremismus in der „pseudo-sozialistischen" Gesellschaft latent in den alten Gesellschaftsstrukturen vorhanden gewesen ist, mit weiten Systembedingungen vereinbar war und somit integrierbar wurde. Rechtsextremistische Denk- und Handlungsmuster wurden durch den sozialistischen Überwachungsstaat und dessen Spezifika der Machthandhabung also zwangsweise reproduziert.[10]

Mit der Entwicklung der Skinhead-Szene in der DDR in den 80er Jahren kam auch der Jugendrechtsextremismus verstärkt auf. Dabei ist darauf hinzuweisen, dass Skinhead-Szene und organisierter Rechtsextremismus keinesfalls wesensgleich sind. Der Begriff „Skinheads" steht für verschiedene Strömungen eines jugendkulturellen Zusammenhangs, mit dem differenzierte ideologische Orientierungen und politische Anschauungen verbunden sind, die von links- bis rechtsextrem reichen (Bsp. S.H.A.R.P.-Skins, Redskins, Nazi-Skins, Oi-Skins etc.). Im Verlaufe der 80er Jahre durchlief die Skinhead-Szene verschiedene Entwicklungsstadien, die verschiedene Formen und Strömungen hervorbrachten und in der DDR von Anbeginn mit rechtsextremen Parolen und Symbolen als Protest gegen das sozialistische System verbunden waren.[11]

Skinheads rekrutierten sich hauptsächlich aus ehemaligen Mitgliedern anderer Jugendkulturen, so dem Punk, dem Heavy Metal und den Fußballfans bzw. Hooligans. Zu

---

[9] Vgl. Schubarth/Schmidt, a. a. O., S. 15ff.
[10] Brück, Wolfgang: Skinheads als Vorboten der Systemkrise – Die Entwicklung des Skinhead-Phänomens bis zum Untergang der DDR. In: Karl-Heinz Heinemann/Wilfried Schubarth (Hrsg.), Der antifaschistische Staat entlässt seine Kinder – Jugend und Rechtsextremismus in Ostdeutschland, Köln 1992, S. 37.

[11] Vgl. Bernd Wagner (Hrsg.), Handbuch Rechtsextremismus – Netzwerke, Parteien, Organisationen, Ideologiezentren, Medien. Hamburg 1994, S. 185.

Beginn der 80er Jahre traten erstmals sichtbar „Nazi-Punks" oder aber „Nazi-heavies" in Erscheinung, während sich Fußball-Skins, Hooligans oder auch Nazi-Skins schon Ende der 70er Jahre aus Fußballfanclubs entwickelten. Zusätzlich entwickelten sich weitere Subkulturen, wie Psychobillies, Faschos, Oi-Skins sowie „Edel"- oder „Schmuddel"-Skins. Alle Anhänger der hier aufgezählten Jugendsubkulturen war besonders der Zusammenhang von Gewalt und einer Ideologie der natürlichen Ungleichheit von Menschen gemeinsam.[12]

Insgesamt können im Aufkommen des Jugendrechtsextremismus in der DDR vier Phasen herausgestellt werden. Phase I kann in etwa für die Jahre 1980/81 veranschlagt werden. In dieser Phase dominierten noch Punks die jugendkulturelle Szene und die Gewaltausübenden. Opfer der Auseinandersetzungen waren hauptsächlich Angehörige der jeweiligen Szene.[13] Wie aus den Unterlagen des MfS hervorgeht, war man über Vorkommen und Erscheinung von Punks recht gut informiert, so heißt es in einem Dokument aus dem Jahre 1982: „Die politisch-operative Aufklärung von Erscheinung und Verhaltensweisen jugendlicher sogenannter Punker zeigt, dass ‚Punker„ wiederholt und in den einzelnen Bezirken differenziert als Einzelpersonen, lose Gruppierungen und in Punk-Gruppierungen mit festen Mitgliedern in Erscheinung treten."[14] Das größte Ballungsgebiet dieser Jugendkultur wurde mit etwa 400 Punkern in Berlin ausgemacht. Weitere große Ansammlungen wurden in Leipzig (ca. 95 Punker), Halle (ca. 70 Punker), Magdeburg (60 Punker), Cottbus (60 Punker), Potsdam (30 Punker) und Dresden (20 bis 30 Punker) verortet.[15] Inwiefern das MfS gegen die Punkbewegung vorging, wird im folgenden Kapitel (Abschnitt III) zu behandeln sein, um so vergleichend betrachten zu können, wie in der DDR gegen Punker und Skinheads rechter Gesinnung vorgegangen wurde.

In der folgenden Phase (1982/83) dominierten Punks schon nicht mehr die Szenegegend. Skinheadgruppierungen hoben sich einerseits von Punks ab und übernahmen andererseits das Gewaltmonopol innerhalb der jugendkulturellen Szene. Durch die gezielte Anwendung von Gewalt wurden Disziplinierungsmaßnahmen geschaffen und „Territorium" für die Gruppe „erobert", während die Zahl der Skinheads weiter anstieg. Viele vormalige Punks oder Fußballfans mit gewalttätigen Neigungen gingen zu den Skins über, andere behielten ihren Lebensstil bei.[16]

---

[12] Vgl. Ebd., S. 185f.

[13] Vgl. Ebd. S. 187.

[14] Vgl. Seminarunterlagen (Kopie BStU), Übersicht des MfS über das Vorkommen von Jugendsubkulturen in der DDR von 1982, 1988 und 1989. (Im folgenden als "Seminarunterlagen, Übersicht" angegeben.)

[15] Vgl. Seminarunterlagen, Übersicht.

[16] Vgl. Wagner, a. a. O., S. 187.

Die dritte Phase (1985/86) ist insbesondere durch die Herausbildung neuer Opferstrukturen geprägt. Die mittlerweile ritualisierte Gewalt sollte demzufolge gegen Ausländer (insbesondere mit dunkler Hautfarbe), Punks, „Grufties", homosexuelle Männer, aber auch als eine Art Druckmittel gegen die eigenen Gruppenmitglieder angewandt werden. Man schreckte dabei keinesfalls vor der Staatsmacht in Vertretung durch Polizisten und Soldaten zurück, ebenso wenig wie vor „stinknormalen" Bürgern, sogenannten „Stinos", welche auch bevorzugt viktimisiert wurden. Dabei diente Gewalt also zur Machtausübung und –erweiterung sowie zur Untermauerung der Ideologie, bei der vor allem auf das Zollen von Respekt Wert gelegt wurde. Es lässt sich für diese Zeit in der gezielten Wahl von Opfergruppen, der Wahl von Örtlichkeiten zur Gewaltausübung und dem Agieren in Gruppen eine Strukturierung der Gewalt erkennen. Es wird deutlich, dass die faschistisch geprägte Gewalt vor Niemandem Halt machte und daher liegt der Schluss nahe, die Regierung hätte alles Mögliche unternehmen müssen, um dieser Gefahr Herr zu werden und so die Bevölkerung zu schützen. Welche Maßnahmen wurden aber nun seitens der DDR-Staatsmacht ergriffen, um den angeblich antifaschistischen Staat alle Ehre zu machen? Auch darauf wird später (Abschnitt IV) noch einzugehen sein.[17]

In der vierten und letzten Phase (1987-89) kann von einer Verfünffachung der gewalttätigen Szene gesprochen werden, unter Beibehaltung der Opfergruppen. Innerhalb der Szene bestrafte und misshandelte Skins sorgten für reichlich Verwirrung, während das Aufkommen der ersten Waffen, so Baseballschläger und Messer, für weitere Beunruhigung gesorgt haben dürfte. Wichtig ist noch die seit 1986 im Gang befindliche Ausdifferenzierung von Faschos und Oi-Skinheads. Erstere artikulierten ihre neonazistischen Ansichten deutlich, während Letztere mit denselben nichts zu tun haben wollten.[18] Die sich schon 1984 bis 1985 abgesonderten Naziskins prägten sich nun noch stärker aus und sonderten sich zusehends ab. Anhand erhobener Daten scheint der bereits angesprochene Trend, vormalige Punker hätten sich zu Skinheads weiterentwickelt, sehr plausibel. Daten aus dem Jahre 1989 hielten im Hauptballungsgebiet Berlin eine Zahl von 431 Skinheads fest, während nur noch etwa 280 Punker (1982 etwa 400 Punker) gezählt wurden. Neben den schon 1982 erhobenen Gebieten Leipzig (31 Skins, 60 Punks), Halle (38 Skins, 25 Punks), Magdeburg (66 Skins, 20 Punks), Cottbus (93 Skins, 53 Punks), Potsdam (263 Skins, 105 Punks) und Dresden (21 Skins, 25 Punks) wurden nun noch zusätzlich Daten in den Gebieten Erfurt (24Skins, 70Punks), Frankfurt Oder (55 Skins, 22

---

[17] Vgl. Ebd., S. 188f.
[18] Vgl. Wagner, a. a. O., S. 189f.

Punks), Gera (40 Skins, 80 Punks), Karl-Marx-Stadt (26 Skins, 55 Punks), Neubrandenburg (9 Skins), Rostock (9 Skins, 40 Punks), Schwerin (3 Skins) und Suhl (20 Skins, 20 Punks) erhoben. Insgesamt wurden demnach 1129 Skinheads gegenüber 655 Punkern „entdeckt", wohingegen noch 1151 Heavy-Metal-Fans und 603 Grufties zu den negativ-dekadenten Jugendlichen gerechnet wurden, womit eine Gesamtzahl von 3510 festgemacht wurde.[19] Es kann also ohne Frage von einer zahlenmäßigen Zunahme in den jugendkulturellen Szenen gesprochen werden, wobei Skinheads besonderen Zulauf aus vormals Punker- und Hooligan-Kreisen erhielten. Gemeinsames Element des Zusammenhalts bildete dabei die Gewalt und feste Opfergruppierungen, die es zu drangsalieren galt.

III. Die Zerschlagung der Punk-Szene

Welche Maßnahmen wurden nun seitens der DDR-Staatsführung unternommen, um dem Vorsatz des Antifaschismus Rechnung zu tragen? Ging man gegen alle negativ-dekadenten Jugendlichen gleichermaßen vor, um das System zu schützen?

In einer Information des MfS über „beachtenswerte Erscheinungen und Entwicklungen unter negativ beeinflussten Jugendlichen und Jungerwachsenen in [...] Berlin"[20] heißt es, die noch 1984 etwa 400 Punker in der Hauptstadt konnten durch eingeleitete „Maßnahmen, vorwiegend der Einschränkung ihrer Entfaltungsmöglichkeiten (z.B. Zutrittsverbote in Gaststätten, Jugendclubs), der breiten gesellschaftlichen Ablehnung ständiger Konfrontationen mit Schutz- und Sicherheitsorganen, [...] auf ca. 80 bis 100 Personen im Jahr 1986 zurückgedrängt werden." [21] Demgegenüber nahm die Anzahl anderer Gruppierungen, wie bspw. Skinheads, jedoch zu. Wie ist dies nun zu erklären?

Anhand der Zahlen liegt die Vermutung nahe, die Regierung sei stärker gegen Punker als rechte Skins vorgegangen. Dies mutet zunächst paradox an, doch Zeitzeugenberichte zeigen den Unterschied auf, der anscheinend zwischen den negativ-dekadenten Jugendgruppierungen gemacht wurde.

Wie die bereits angeführten Daten deutlich machten, war die Punk-Bewegung in der DDR keineswegs eine Massenerscheinung, auch wenn ihre Anhänger Mitte der 80er in allen größeren Städten zu finden waren. Die Staatsmacht reagierte von Anfang an sehr gereizt auf die, sich deutlich von der Normalbevölkerung abhebenden, jungen Leute, die mit abgetragenen, wild kombinierten, bunten „Klamotten" und gefärbtem Haar sowie

---

[19] Vgl. Seminarunterlagen, Übersicht.

[20] Information des Ministeriums für Staatssicherheit, Nr. 13/87, Berlin, 01.03.1987, S. 1.

[21] Information des Ministeriums für Staatssicherheit, Nr. 13/87, Berlin, 01.03.1987, S. 1.

aufregenden Frisuren ihre radikale Kritik an der Wohlstandsgesellschaft demonstrierten. Anscheinend gegen jede Norm verstoßend, konnte dieser jugendkulturellen Szene keine Toleranz, geschweige denn Akzeptanz, von Seiten des Staates zuteil werden. Als „feindlich-dekadente" Jugendliche eingestuft, mussten Punker schon allein wegen ihrem auffälligen Aussehen ständig mit diskriminierenden Polizeikontrollen rechnen, unabhängig von ihrer Verhaltensweise. [22]

Eines der wichtigsten Sprachorgane von Jugendgruppen bildete stets die Musik, so natürlich auch bei Punks. Und eben hier setzte das MfS verstärkt an. Am Beispiel der Zerschlagung der Potsdamer Punk-Bewegung werde Ich im Folgenden kurz die Vorgehensweise der Stasi aufzeigen, bevor zu klären gilt, ob eben solche Maßnahmen auch bei rechten Skinheads Anwendung fanden, um auch diese Szene zu zerschlagen.

Eine vom Bürgermeister von Bergholz-Rehbrücke am 3. August 1985 gemeldete „Konzentration von Punkern" auf einem Privatgrundstück, wurde kurzerhand durch die VoPo „unter Beobachtung" genommen. Von den bis zum Abend etwa 60 dort versammelten jungen Leuten, die dort feierten und den Klängen einer vierköpfigen Punkband lauschten, wurden gegen 22:30 Uhr, nach Anrücken eines Großaufgebotes der Polizei, etwa 54 Personen zwischen 14 und 22 Jahren festgenommen. Viele von Ihnen waren bereits polizeilich und beim MfS registriert, sogar diejenigen, die aufgrund ihres Alters noch keinen Personalausweis besaßen. Einige wurden als künftige minderjährige Spitzel betrachtet und daher gesondert als „KP (Kontaktperson) unter 16" vermerkt. Nach dem Verhör durch das MfS über Nacht, wurden 44 Jugendliche wieder freigelassen. Gegen die übrigen 10, darunter der Gastgeber der Feier, wurden Ordnungsstrafverfahren eingeleitet. Besonders hart traf es den 18-jährigen Sänger der Potsdamer Punk-Band, Lars Becker, dem man allen Ernstes die Verwendung neofaschistischer Symbole vorwarf, da auf seinem T-Shirt eine geballte Faust inmitten eines Hakenkreuzes abgebildet war. Dieses von Becker als ein Symbol gegen den Neofaschismus getragene Bild sorgte also dafür, dass dieser noch weitere Tage in Gewahrsam verbleiben musste und das Ermittlungsverfahren erst nach der Befragung weiterer Zeugen eingestellt wurde, da diese unmissverständlich aussagten, dass Becker eine antifaschistische Gesinnung vertritt, also den vom Staate „verordneten" Antifaschismus vertrat. [23]

Das MfS konzentrierte sich nun erstmal auf andere Punker, so den 19-jährigen Freund der Potsdamer Punk-Band, Thomas Böttcher, in welchem die Stasi eine Schlüsselfigur der

---

[22] Vgl. Gabriele Schnell, Jugend im Visier der Stasi, Potsdam 2001, S. 75.

[23] Vgl. Schnell, a. a. O., S. 75f.

Potsdamer Punk-Szene und somit den idealen Informanten sah. Mehrere Versuche des MfS, Böttcher zu kontaktieren und als IM, als informellen Mitarbeiter, zu gewinnen, schlugen allerdings fehl. Der junge Punk zog aus diesen getarnten Anwerbeversuchen und dem Verbot, sich in Berlin aufzuhalten, die Konsequenzen und stellte schließlich am 29. Mai 1985 seinen ersten Ausreiseantrag aus der DDR, nur einer von vielen, wie sich herausstellen sollte. Das MfS gab den Plan, Böttcher als IM zu gewinnen jedoch keineswegs auf.[24]

Da das MfS auch in den Mitgliedern der Potsdamer Punk-Band einen „harten Kern" der Punk-Szene sah, beobachtete es diese auch im Verlaufe des Jahres 1985 weiter. Am Ende des Jahres wurde dann eine „Operative Personenkontrolle" über die vier Bandmitglieder verhängt. Schließlich bestand das erklärte Ziel der Staatssicherheit in der „Verunsicherung und Zerschlagung der Band mit möglichst großer operativer Wirksamkeit zur Zurückdrängung der Punk-Szene in Potsdam".[25] So wird eine am 1. Februar 1986 stattfindende „Punk-Fete" mit Teilnehmern aus der gesamten DDR wiederum von der Polizei gestürmt und 48 Personen nach ihrer Festnahme dem MfS überstellt. Unter ihnen befand sich auch Lars Becker, gegen den, wie auch gegen einige andere Punks, Ermittlungsverfahren eingeleitet wurden, während sie in die Untersuchungshaftanstalt Rummelsburg in Berlin überführt und eingesperrt wurden. Währenddessen setzte die Abteilung XX der MfS-Bezirksverwaltung Potsdam einen minderjährigen weiblichen IM namens „Ivonne" auf die Potsdamer Punk-Band an. „Ivonne" gelang es, Informationen über die Bandmitglieder und andere sich öfter im Proberaum aufhaltenden Punker zu sammeln, sowie die Songtexte der Band dem MfS zuzuspielen. Zusätzlich gelang es dem MfS Mitte März 1986 zwei, über dem Proberaum der Band wohnende Personen gegen die jungen Punker aufzustacheln und diese so veranlassen der Polizei Ruhestörung und asoziales Verhalten anzuzeigen. Ab Ende April wurden die vier Bandmitglieder, auch wenn Lars Becker schon in Untersuchungshaft saß, noch stärker bespitzelt und umfassend „aufgeklärt". Zwei weitere minderjährige IM's kamen neben zahlreichen Einzelmaßnahmen zum Einsatz, sodass sich die drei in Freiheit befindlichen Bandmitglieder immer weniger im Proberaum trafen, da sich bezüglich ihrer anvisierten Zukunft im Musikgewerbe Pessimismus breit machte. Ohne ihre Musik, die ohne den Sänger Becker ohnehin kein rechtes Zusammenspiel mehr hatte, schwand auch ihre Akzeptanz in der Punk-Szene. Im Sommer musste der Proberaum dann ganz aufgegeben

---

[24] Vgl. Ebd., S. 77.
[25] Ministerium für Staatssicherheit, zitiert nach: Schnell, a. a. O., S. 78.

werden. Frust machte sich breit. Der hilflose Becker wurde unterdessen durch einen MfS-Hauptmann kontaktiert, der ihm Hilfe vorgaukelte - für ihn und seine Bandmitglieder.[26]

Thomas Böttcher gab das MfS trotz offensichtlichen Desinteresses von Seiten des Jugendlichen keineswegs auf und fasste stattdessen einen neuen Plan: Nach einem weiteren Antrag auf Ausreise aus der DDR durch Böttcher wurde dieser wieder einmal zur Abteilung Inneres beim Rat der Stadt Potsdam vorgeladen, um ihm mitzuteilen, dass auch dieser Antrag abgelehnt sei, während MfS-Mitarbeiter in der Zwischenzeit Böttchers Wohnung aufbrachen und gründlich durchsuchten. Böttcher wurde noch am selben Tag festgenommen, bevor tags darauf ein Haftbefehl gegen ihn erlassen wurde. Man warf ihm den unbefugten Besitz von Sprengmittel und die „Beeinträchtigung staatlicher Tätigkeit" vor. Grund dafür war der Fund von selbsthergestelltem Schwarzpulver in Böttchers Wohnung. Der Jugendliche war stets an Chemie interessiert gewesen und hatte zuhause herumexperimentiert, dies sollte ihm nun zum Verhängnis werden. Das MfS unterstellte ihm schlicht, Böttcher hätte eine Bombe oder einen Sprengsatz gebaut, um andere Menschen damit zu gefährden, obwohl der Untersuchungsbericht der Technischen Untersuchungsstelle recht widersprüchliche Aussagen aufwies. So wiesen die gefundenen Gemische einerseits keine „brisanten Eigenschaften" auf, doch seien die hergestellten „Sprengkörper" dennoch als gefährlich einzustufen. Letztlich versuchten die Beamten durch Böttcher nun weitere Informationen über die Punk-Szene zu erhalten, was Ihnen hier jedoch nicht gelang, da Böttcher noch immer zu keiner Zusammenarbeit bereit war. Seinen Ausreiseantrag musste er allerdings zurückziehen. Erst Ende Dezember 1986 kam Böttcher wieder aus der Untersuchungshaft frei, bevor er vom Kreisgericht Potsdam-Stadt zu einer Bewährungsstrafe von eineinhalb Jahren verurteilt wurde. Durch das vom MfS in Umlauf gebrachte Gerücht, Böttcher sei ein Spitzel, verlor dieser jede Anerkennung innerhalb der Punk-Szene und wurde fortan gemieden.[27]

Inzwischen war das MfS bei Lars Becker erfolgreicher. Während dessen Zeit im Gefängnis Zeithain war er häufiger vom MfS-Hauptmann mit dem Decknamen „Dieter" besucht worden. Als Becker am 4. März 1987 aus seiner Haft entlassen wurde, war er dem vermeintlichen „Helfer" überaus dankbar für dessen Mühe während seiner Haftzeit. Außerdem haben die Zersetzungsbemühungen des MfS sich anscheinend ausgezahlt: Auch Lars Becker kann in der Punk-Szene nicht wieder Fuß fassen. Die Stasi hat es fertig gebracht, die einstige Gemeinschaft zu dezimieren und in kleine Grüppchen aufzusplittern.

---

[26] Vgl. Schnell, a. a. O., S. 77ff.
[27] Vgl. Schnell, a. a. O., S. 79ff.

Der einstige „Zusammenhalt" ist laut Becker dahin, demgegenüber sind zusätzlich neue Gruppierungen aufgetaucht, die nichts Gutes verheißen: Sogenannte „Glatzen", Skinheads also. Vor allem die vermeintliche Hilfe während seiner Haftzeit durch „Dieter", so sollte Becker zumindest denken, ließ gegenüber dem MfS-Hauptmann eine Art Schuldgefühl entstehen, die in Abhängigkeit überging. So gewann das MfS schließlich einen neuen IM in der Szene, durch den es wichtige Informationen erhielt. Durch Becker und weitere IM's, so auch den minderjährigen IM's, gelingt es dem MfS letztlich, die Potsdamer Punk-Szene im Jahre 1988 völlig zu zerschlagen. Die vier jungen Musiker der Punk-Band traten nie wieder zusammen auf und lösten auch ihre Band schließlich Anfang 1989 endgültig auf. Potsdam hatte für Punks folglich nichts mehr zu bieten und zog so auch keine Punker aus anderen Städten mehr an, die Strategie des MfS ging also auf.[28]

IV. Rechtsextremistische Skinheads auf dem Vormarsch

Wie kann es nun sein, dass in derselben Zeit, in der die Punk-Bewegung in Potsdam zerschlagen wurde, sich andere, weitaus beunruhigendere Jugendgruppierungen, so etwa neofaschistische Skinheads, im gleichen Gebiet breit machten?

Das Aufkommen von Rechtsextremismus war in der pseudo-sozialistischen Gesellschaft nicht einfach nur vorhanden, er war strukturell im Gesellschaftssystem verankert und so auch personell, in Institutionen sowie Denk- und Handlungsmustern der DDR-Bevölkerung nachweisbar. Jugendkulturelle Gruppierungen spiegelten (und spiegeln auch heute noch) nur die existierende gesellschaftliche Unzufriedenheit über das bestehende System wieder, wobei rechtsextreme Skinheads vor allem auf das Vorhandensein der in der breiten Masse der DDR weitgehend vorherrschende Fremdenfeindlichkeit hinweisen. Besonders kritisch ist hierbei, dass das rechte und ultrarechte politische Spektrum, das latent in den alten Gesellschaftsstrukturen vorhanden war, weiterhin in die bestehenden Systembedingungen integrierbar wurde. So reichten die Wurzeln des Rechtsextremismus tief in die Gesamtgesellschaft.[29]

Bernd Siegler dokumentiert in seinem Werk „Auferstanden aus Ruinen – Rechtsextremismus in der DDR" in akribischer Weise, wie mit rechtsextremistischen Jugendlichen, die gewaltverbrecherisch tätig wurden, in der DDR umgegangen wurde. Es wird ersichtlich, zu wie vielen faschistisch motivierten Gewaltverbrechen es eigentlich

---

[28] Vgl. Ebd., S. 81ff.
[29] Vgl. Wolfgang Brück, Skinheads als Vorboten der Systemkrise – Die Entwicklung des Skinhead-Phänomens bis zum Untergang der DDR. In: Karl-Heinz Heinemann/Wilfried Schubarth (Hrsg.), Der antifaschistische Staat entlässt seine Kinder – Jugend und Rechtsextremismus in Ostdeutschland, Köln 1992, S. 37f.

kam und wie der Staat mit diesen umging. So wurden rechtsextreme Skinheads ebenso überwacht wie Punker, doch schritt die VoPo oder das MfS nicht etwa ein, wenn diese gegen ihre Opfer, meist Ausländer oder Punks, vorgingen. Im Gros der Fälle wurden Skinheads erst festgenommen (sofern sie denn festgenommen wurden), wenn sie sich bereits an ihren Opfern abreagiert hatten. So wurden Ausländer durch die Straßen gejagt und auf derselben verprügelt, Punk-Konzerte gestürmt und auch im Rotlichtmilieu Terror und Schrecken verbreitet. Auch wenn die Polizei sicher nicht direkt mit Naziskins zusammenarbeitete, bediente sie sich dennoch indirekt deren Schläger oder tolerierte deren Vorkommen in den DDR-Städten. Festgenommene Skins wurden nach dem warnenden „Erheben des Zeigefingers" durch den Staat zumeist am nächsten Tag wieder in die Freiheit entlassen oder aber sie bekamen geradezu lachhafte Haftstrafen.[30]

Wer war aber nun hauptsächlich in rechtsextremen Gruppierungen zu finden? Handelte es sich wirklich immer um den sozial benachteiligten, arbeitslosen Jugendlichen aus kaputtem Elternhaus? Wohl kaum, allein die Vollbeschäftigung machte Arbeitslosigkeit schließlich kaum möglich, so gingen auch die „verlotterten" Punker einem „ordentlichen" Beruf nach und funktionierten so ebenso als Glied der Arbeitsgesellschaft, wie der Normalbürger oder auch der rechtsextremistische Skinhead. Laut einer Analyse aus dem Jahre 1990, welche anhand von Strafakten durchgeführt worden ist, rekrutierten sich Skinheads zu 24% aus Lehrlingen und zu 50% aus Facharbeitern. Lediglich 14% wiesen keine abgeschlossene Ausbildung auf.[31] Am besten beschreibt noch eine Aussage der Mutter eines Skinheads einen typischen Anhänger dieser jugendkulturellen Szene sowie die Sicht auf diese durch die Normalbevölkerung: „Mein Sohn ist auch ein Skin [...] Er ist ein ordentlicher Junge. Fleißig, gewissenhaft. Sie haben so viele Ideale in der Gruppe, solchen Zusammenhalt. Er war immer ein guter Schüler, nie aufsässig [...]."[32]

Entgegen den Punkern, die gern als „dreckig" und „ungepflegt" charakterisiert wurden, schrieb man Skinheads eher Attribute wie Sauberkeit, Ordnung und Fleiß zu. Zudem wurden sie von Mitarbeitern und Chefs oft als zuverlässig und pünktlich beschrieben, also als vollintegrierte Gesellschaftsmitglieder wahrgenommen. Anhand der Wertschätzung althergebrachter „soldatischer" Tugenden, ist erkennbar, wie stark der Fokus auf diese alten, überkommenen Werte den Blick für die Gegenwart versperrte. Gegen Punks, ihres

---

[30] Vgl. Siegler, a. a. O., S. 43ff.
[31] Vgl. Gunhild Korfes, „Seitdem habe ich einen dermaßenen Hass" Rechtsextremistische Jugendliche vor und nach der „Wende" – exemplarische Biographien. In: Karl-Heinz Heinemann/Wilfried Schubarth (Hrsg.), Der antifaschistische Staat entlässt seine Kinder – Jugend und Rechtsextremismus in Ostdeutschland, Köln 1992, S. 48.
[32] Zitiert nach: Brück, a. a. O., S. 44.

Zeichens ebenso antifaschistisch wie es der Staat hatte sein wollen, ging man gnadenlos vor, da sie nicht der Norm entsprechend auftraten. Gegen Skinheads war man deutlich nachsichtiger. Was zunächst konservativ anmutet war vorurteilsbehaftetes Denken und Handeln, dass fremdenfeindliche Tendenzen, oder besser „Anders"-feindliche Tendenzen, schließlich verstärkte. So nahm ein Großteil der Normalbevölkerung das Vorgehen gegen Punks oder Ausländer nicht nur hin, sondern es hieß dies auch gut. [33]

Ein Fakt, der dem SED-Staat insbesondere anzulasten sein dürfte, ist die Tatsache, dass man das Thema Rechtsextremismus unter keinen Umständen öffentlich zu machen gedachte. Der Staat beschränkte sich vielmehr auf die strafrechtliche Verfolgung von Naziskins und Faschos, die, wie gesagt, auch noch zu gering ausfiel.[34] Eine öffentliche Auseinandersetzung mit dem Thema wäre einem Versagen des Staates gleich gekommen und hätte so einen Gesichtsverlust vor allem gegenüber dem Ausland bedeutet. Ohne ausreichende Thematisierung konnte man sich verständlicherweise nicht ausreichend mit dem Problem des Rechtsextremismus und Neofaschismus auseinandersetzen. Die Zahl von Strafverfahren stieg erst nach dem Vorfall in der Ostberliner Zionskirche vom 17. Oktober 1987. Der gewalttätige Übergriff von Naziskins in der Zionskirche rückte dieselben erstmals stärker in die öffentliche Diskussion, auch wenn die Berichterstattung über die Ereignisse mehr als fragwürdig war. Weiterhin unterschätzte man die Problemdichte der Skinhead-Erscheinung.[35] Die Zahl der Strafverfahren wegen rechtsradikaler Delikte stieg vom Jahr 1988 bis zum Jahr 1989 zwar von 44 auf 144 an, doch kann dies nur als die Spitze des Eisberges betrachtet werden, wenn man bedenkt, dass viele Straftaten mit rechtsextremem Hintergrund oft nur auf die Straftatbestände „Rowdytum" oder Körperverletzung reduziert wurden.[36]

Die Ursachen für das Vorkommen von rechtsextremistischem Handeln und Denken schrieb das MfS der Einfachheit halber stets dem Einfluss der westlichen Hemisphäre, allen voran der BRD, zu. So heißt es in einer Information des MfS über „vorliegende Hinweise zu Vorkommnissen und Erscheinungen der Verbreitung neofaschistischen Gedankengutes durch Kinder und Jugendliche an Schulen und Einrichtungen der Berufsbildung" aus dem Jahre 1979, dass dieselben „als Auswirkung der von imperialistischen Kräften forcierten ideologischen Diversion und besonders der in der BRD und in Westberlin fortschreitenden Belebung des Neofaschismus/Neonazismus zu

---

[33] Vgl. Siegler, a. a. O., S. 55ff.
[34] Vgl. Korfes, a. a. O., S. 48.
[35] Vgl. Brück, a. a. O., S. 42.
[36] Vgl. Korfes, a. a. O., S. 48.

werten"[37] seien. Sehr deutlich wird die absichtliche Fehlinterpretation faschistischer Jugendgruppen in der DDR an folgendem Auszug: „Hinweise aus fast allen Bezirken der DDR liegen darüber vor, dass während Jugendtanzveranstaltungen Beatgruppen und Schallplattenunterhalter Schlager westlicher Herkunft und beliebter Stars (z. B. Heino) mit militaristischem und nationalistischem Inhalt darboten bzw. von Jugendlichen zum Abspielen solcher Lieder aufgefordert wurden."[38] Der negative Einfluss auf die Jugend im Lande, den man dem „bösen" Westen zuschrieb, war keinesfalls so groß wie das MfS es gerne gehabt hätte. Im Gegenteil, die sich herausbildenden jugendkulturellen Gruppierungen hielten der „antifaschistischen" Gesellschaft der DDR einen Spiegel vor, sie waren eine Antwort auf die Missstände des Ein-Parteien-Staates pseudo-sozialistischer Prägung, der nichts anderes war.

---

[37] Information des Ministeriums für Staatssicherheit, Nr. 561/78, Berlin, 08.01.1979, nicht rausgegangen, S. 1.
[38] Ebd., S. 5.

Zusammenfassung

Die DDR-Führung versäumte bzw. vermied teilweise bewusst die Auseinandersetzung mit dem Thema Nationalsozialismus. Ab der „Stunde Null" wurde so zwar Antifaschismus verordnet, doch kaum die notwendigen Maßnahmen ergriffen, um diesen auch durchzusetzen. Der Begriff „Antifaschismus" verkam so zunehmend zu einer leeren Propagandahülse. Der erzieherische Effekt der antifaschistischen Erziehung blieb oft fragwürdig, so kamen viele DDR-Bürger eher zu der Überzeugung, dass die Mehrheit der deutschen Bevölkerung unter nationalsozialistischer Herrschaft eine antifaschistische Gesinnung inne gehabt hätte, weshalb man sich und seine Vorfahren von den Verbrechen der NS-Diktatur freisprach. Der verordnete Antifaschismus, beeinflusst vom Ost-West-Konflikt, führte zur Verortung faschistischer Einflüsse außerhalb der eigenen Grenzen, welche wiederum für das Auftauchen nicht normativer, rechter Erscheinungen die eigentliche Grundlage bilden sollte. Im eigenen Land wurde keinerlei Schuld bzw. (Mit-)Verantwortung für das Phänomen des Neofaschismus übernommen, um insbesondere vor dem Ausland nicht das Gesicht zu verlieren.

Die verschiedenen Entwicklungsphasen der Skinhead-Szene zeigen anschaulich auf, wie stark sich der Zulauf zur Skinhead-Szene in den 80er Jahren vollzog. Am Beispiel der Zerschlagung der Punk-Bewegung in Potsdam wurde ersichtlich, mit welchen Mitteln das MfS gegen „negativ-dekadenten" Jugendlichen vorging. Ebenso konnte anhand der Ausführungen gezeigt werden, wie gut das MfS über Vorkommen, Erscheinung und Verhaltensweisen der eigenen Jugend durch den Einsatz von IM's und umfangreichen Beobachtungsanstrengungen informiert war. Die strukturell in der Gesellschaft verankerte Fremdenfeindlichkeit entlud sich schließlich in der jugendlichen Gewalt gegen alle andersartigen Personen, während Staat und Bevölkerung mehrheitlich zusahen. Somit kam der antifaschistische Staat seiner Verpflichtung, gegen jegliches Vorkommen von Rechtsradikalismus bzw. –extremismus, Faschismus oder Nazismus vorzugehen, nur in ungenügendem Ausmaß, nach. Skinheads wurden in der auf alten Tugenden aufgebauten Gesellschaft, mit Normen wie Ordnung, Fleiß und Sauberkeit, die mehr galten als Kritik an einem selbstzerstörerischen System, im Gegensatz zu Punkern schlicht bevorzugt.

Abschließend bleibt zu sagen, dass auch heute das Problem des Rechtsextremismus trotz vielseitiger Bemühungen auf verschiedensten Gebieten noch existent ist. Heute führt man diesen Umstand oft auf Arbeitslosigkeit und soziale Herkunft Jugendlicher zurück, zur Zeiten der Vollbeschäftigung in der DDR gab es aber ebenso Rechtsextremismus. Rechtes Gedankengut ist noch immer überall in der Gesellschaft vorhanden und solange der sogenannte „Alltagsrassismus" nicht abgeschafft ist, werden Jugendliche ihren Unmut in falscher Weise gegen unschuldige Menschen richten.

Literaturverzeichnis:

Monographien

- Boehnke, Klaus/Fuß, Daniel/Hagan, John (Hrsg.): Jugendgewalt und Rechtsextremismus, Soziologische und psychologische Analysen in internationaler Perspektive, 1. Aufl., Weinheim/München 2002.

- Siegler, Bernd: Auferstanden aus Ruinen – Rechtsextremismus in der DDR. 1. Aufl., Berlin 1991.

- Schnell, Gabriele: Jugend im Visier der Stasi, 1. Aufl., Potsdam 2001.

- Wagner, Bernd (Hrsg.): Handbuch Rechtsextremismus – Netzwerke, Parteien, Organisationen, Ideologiezentren, Medien. 1. Aufl., Hamburg 1994.

Artikel/Aufsätze

- Brück, Wolfgang: Skinheads als Vorboten der Systemkrise – Die Entwicklung des Skinhead-Phänomens bis zum Untergang der DDR. In: Heinemann, Karl-Heinz/Schubarth, Wilfried (Hrsg.): Der antifaschistische Staat entlässt seine Kinder – Jugend und Rechtsextremismus in Ostdeutschland, 1. Aufl., Köln 1992, S. 37-46.

- Hasselmann, Jörn/Radke, Johannes: Neonazis im Partykiez - Erneut gehen Rechtsextreme und Linke aufeinander los. Die Rechten suchen sich ihre Opfer immer öfter in Szenegegenden. In: Der Tagesspiegel, Ausgabe 19827 / Montag, 25. Februar 2008, S. 12.

- Korfes, Gunhild: „Seitdem habe ich einen dermaßenen Hass" Rechtsextremistische Jugendliche vor und nach der „Wende" – exemplarische Biographien. In: Heinemann, Karl-Heinz/Schubarth, Wilfried (Hrsg.): Der antifaschistische Staat entlässt seine Kinder – Jugend und Rechtsextremismus in Ostdeutschland, 1. Aufl., Köln 1992, S. 47-63.

- Maaz, Hans-Joachim: Sozialpsychologische Ursachen von Rechtsextremismus – Erfahrungen eines Psychoanalytikers. In: Heinemann, Karl-Heinz/Schubarth, Wilfried (Hrsg.): Der antifaschistische Staat entlässt seine Kinder – Jugend und Rechtsextremismus in Ostdeutschland, 1. Aufl., Köln 1992, S. 116-125.

- Schubarth, Wilfried/Schmidt, Thomas: Sieger der Geschichte Verordneter Antifaschismus und die Folgen. In: Heinemann, Karl-Heinz/Schubarth, Wilfried (Hrsg.): Der antifaschistische Staat entlässt seine Kinder – Jugend und Rechtsextremismus in Ostdeutschland, 1. Aufl., Köln 1992, S. 12-28.

Online Ressourcen

- http://www.ddr-im-www.de/Gesetze/Verfassung.htm#grundlagen

Quellen des MfS

- Information des Ministeriums für Staatssicherheit, Nr. 561/78, Berlin, 08.01.1979, nicht rausgegangen.

- Information des Ministeriums für Staatssicherheit, Nr. 13/87, Berlin, 01.03.1987.

- Seminarunterlagen (Kopie BStU), Übersicht des MfS über das Vorkommen von Jugendsubkulturen in der DDR von 1982, 1988 und 1989.